BEI GRIN MACHT SICH IHR WISSEN BEZAHLT

Kalter Krieg im Netz. Die Position der NATO in einem neuen Wettrüsten

Matthias Hartig

Bibliografische Information der Deutschen Nationalbibliothek:

Die Deutsche Nationalbibliothek verzeichnet diese Publikation in der Deutschen Nationalbibliografie; detaillierte bibliografische Daten sind im Internet über http://dnb.d-nb.de abrufbar.

ISBN: 9783346298775
Dieses Buch ist auch als E-Book erhältlich.

Druck und Bindung: Books on Demand GmbH, Norderstedt Germany
Gedruckt auf säurefreiem Papier aus verantwortungsvollen Quellen

Das vorliegende Werk wurde sorgfältig erarbeitet. Dennoch übernehmen Autoren und Verlag für die Richtigkeit von Angaben, Hinweisen, Links und Ratschlägen sowie eventuelle Druckfehler keine Haftung.

Das Buch bei GRIN: https://www.grin.com/document/958374

Lehrstuhl für Internationale Beziehungen und Außenpolitik

Fachbereich III – Politikwissenschaft

Wintersemester 2019/2020

Seminar: Aufgaben, Strukturen, Probleme Internationaler Organisationen: Die NATO

Kalter Krieg im Netz –
Die Position der NATO in einem neuen Wettrüsten

Vorgelegt von:

Matthias Hartig

Zeichenzahl: 53.849

Abgabedatum: 13.01.2020

Inhaltsverzeichnis

1. Einleitung

In diversen Publikationen, die sich der Thematik des Cyberwars widmen, wird das Aufkommen eines Wettrüstens postuliert (vgl. Polli 2012: X, Bendiek et al. 2013: 6, Altmann 2019: 87). Begründet werden diese Vorhersagen nicht. Es stellt sich somit die Frage, ob ein Wettrüsten im Cyberbereich tatsächlich zu erwarten ist. Droht ein neuer Kalter Krieg im Internet? Weit hergeholt ist diese Vermutung nicht: Schon in der Vergangenheit hatte technologischer Fortschritt oftmals destabilisierende Wirkungen (vgl. Gassert 2019: 14). Oder werden hier vielleicht doch nur grundlos „Pferde scheu gemacht"? Für die NATO hat das Thema höchste Relevanz, das Gefahrenpotential von Cyberangriffen wird hoch eingestuft: „Cyber threats to the security of the Alliance are becoming more frequent, complex, destructive and coercive. […] The Alliance needs to be prepared to defend its networks and operations against the growing sophistication of the cyber threats and attacks it faces." (NATO 2019a: Abs. 1). Damit die NATO Strategien für den zukünftigen Umgang mit Cyberwaffen entwickeln kann, ist es relevant, dass sie zunächst Ihre gegenwärtige Position evaluiert. Somit stellen sich die beiden Forschungsfragen: „Droht die Gefahr eines neuen Wettrüstens von Cyberwaffen, vergleichbar mit dem Wettrüsten im Kalten Krieg? Falls ja, in welcher Position befindet sich die NATO hierbei?"

Da das Konzept des Wettrüstens der realistischen Schule entspringt, so wird auch die vorliegende Arbeit auf die realistischen Konzepte der Balance of Power und des Sicherheitsdilemmas zurückgreifen. Außerdem hat sich durch die Entwicklung von Nuklearwaffen eine besondere Form der Balance of Power herausgebildet: die Balance of Terror, welche zu einem extremen Ausmaß von Wettrüsten geführt hat. Cyberwaffen haben augenscheinlich einige Eigenschaften mit Nuklearwaffen gemeinsam. So ist weitgehend bekannt, dass auch Cyberwaffen zivile Infrastrukturen (mithilfe von Schadsoftware) in großem Maß zerstören können, und dass Cyberwaffen ähnlich wie Nuklearwaffen nur schwierig abzuwehren sind. Wir wollen deshalb untersuchen, ob Cyberwaffen tatsächlich ähnliche Eigenschaften wie Nuklearwaffen besitzen. Stellt sich dies als zutreffend heraus, so ist bei Cyberwaffen mit einem Wettrüsten zu rechnen, das ähnliche Ausmaße wie im Kalten Krieg annehmen würde. Zur Überprüfung dieser Vermutung folgt nach der Darstellung der theoretischen Grundlagen ein Vergleich zwischen den Eigenschaften von Nuklear- und Cyberwaffen. Anschließend wird ermittelt, inwieweit sich nukleare Abschreckung nutzen lässt, um Cyberangriffe zu verhindern – in diesem Fall würde eine Aufrüstung von Cyberwaffen auch eine Aufrüstung von Nuklearwaffen nach sich ziehen. Im Fazit wird untersucht, welche Strategie die NATO aktuell konkret verfolgt. Außerdem werden

Schlussfolgerungen aus den Ergebnissen der Arbeit gezogen und die Forschungsfrage abschließend beantwortet.

Existierende Arbeiten, die sich dem Vergleich der Eigenschaften von Cyber- und Nuklarwaffen widmen, sind dem Autor nicht bekannt. Richard A. Clarke und Robert K. Knake haben allerdings bereits untersucht, ob sich bewährte Strategien im Umgang mit Nuklearwaffen auf Cyberwaffen übertragen lassen (siehe Clarke et al. 2011: 229-273). Ihre Erkenntnisse werden in die vorliegende Arbeit mit einfließen.

2. Realismus, Wettrüsten und Balance of Terror

In diesem Kapitel werden zunächst die Grundzüge der realistischen Schule erläutert. Der Fokus liegt anschließend auf dem Konzept der Balance of Power, da diese die Grundlage für das sogenannte Wettrüsten darstellt. Andere Aspekte des Realismus, die für die Forschungsfrage nicht relevant sind, werden hierbei nicht erläutert.

Nachdem geklärt ist, wie ein Wettrüsten genau entsteht, wird die besondere Position der Nuklearwaffen hierbei im Unterkapitel zur Balance of Terror nachgewiesen. Im Zwischenfazit wird abschließend erläutert, wieso die genauere Betrachtung von Nuklearwaffen notwendig ist, um ein zukünftiges Wettrüsten im Cyberbereich nachweisen zu können.

2.1 Realistische Schule und Balance of Power

Die realistische Schule der Internationalen Beziehungen entstand in der ersten Hälfte des 20. Jahrhunderts. Ihr prominentester Vertreter ist Hans J. Morgenthau, der liberale Theoretiker als zu optimistisch betrachtete und ihnen ein illusionäres Menschenbild unterstellte. Das Erkenntnisinteresse teilte er allerdings mit ihnen: Wie kann Krieg zwischen Staaten verhindert werden? (vgl. Masala 2017: 143f.).

Laut Morgenthau hat der Mensch eine unveränderliche, egoistische Natur (vgl. Masala 2017: 145f.). Diese führe wiederum zu einer „Lust for Power" (Morgenthau 1962: 8) und zu Wettbewerb und Krieg auf Ebene der Politik (vgl. Masala 2017: 146), denn der Trieb zur Macht auf der individuellen Ebene überträgt sich auch auf staatliche Kollektive (vgl. Müller et al. 2006: 60, Masala 2017: 146). Das wichtige (Mess-)Instrument von Macht ist die militärische Kapazität. Die Kosten, die durch Rüstung entstehen, sind irrelevant. Nur der Ausbau der Macht zählt (vgl. Müller et al. 2006: 60). Bei der Verfolgung dieses Ziels handeln die Staaten rational, und wählen unter den (durch ihre Ressourcen ermöglichten) Handlungsalternativen stets diejenige aus, bei der ihnen der Nutzen am größten erscheint (vgl. Brummer et al. 2018: 22, Masala 2017:

151). Dem „Hunger nach Macht" kann auf internationaler Ebene besonders gut nachgegangen werden, weil auf internationaler Ebene Anarchie herrscht, es existiert keine hemmende Autorität (Masala 2017: 147).

Diesen systemischen Aspekt hebt auch der „Neorealismus" von Kenneth N. Waltz hervor, wobei hier allerdings nicht Machtmaximierung, sondern pures Überleben das zentrale Interesse von Staaten darstellt (vgl. Müller et al. 2006: 60f., Masala 2017: 151). Der Wille zum ständigen Machtausbau (und damit zur Aufrüstung) bleibt: In der Anarchie herrscht Unsicherheit über die Intentionen anderer Staaten (vgl. Müller et al. 2006: 61, 222). Wirkliche Sicherheit kann nur innerhalb von Staaten genossen werden (wegen dem Vorhandensein einer Ordnungsmacht). Sicherheit außerhalb des Staates sowie zwischen den Staaten ist nicht existent. Diesen Umstand, dass die Bildung von sicherheitsgewährenden Staaten automatisch zu Unsicherheit und somit zu einem „Sicherheitsdilemma" führt, beschrieb schon Thomas Hobbes (vgl. Jackson et al.: 2016: 69). Aus der Unsicherheit folgt: „Weil Staaten immer damit rechnen müssen, dass der Rivale heimlich aufrüstet oder die eigene Schwäche ausnutzt, bietet nur die optimale eigene Rüstung verlässlichen Schutz" (ebd.). Die von den Staaten erwünschte Sicherheit lässt sich also nur durch Machtakkumulation herbeiführen (vgl. Masala 2017: 157).

Begrenzt wird exzessive Machtpolitik nach Morgenthau durch die **Balance of Power** [1] (vgl. Masala 2017: 147). Gemeint ist damit, dass Staaten stetig versuchen, den Status Quo der Machtverteilung zu halten oder zu übertreffen, und sich somit gegenseitig ausbalancieren (vgl. Morgenthau 1963: 145). Weil Macht nur durch Gegenmacht eingeschränkt werden kann, sorgt die Balance of Power für Stabilisierung (vgl. Morgenthau 1963: 147, Masala 2017: 147). Auch für Waltz stellt die Balance of Power eine Alternative zur Weltregierung dar und wirkt kriegshemmend (vgl. Masala 2017: 164). Für Realisten ist die Balance of Power also erstrebenswert (vgl. Jackson et al.: 2016: 72). Beispielsweise wird angeführt, dass sie „die Hegemonie eines einzelnen, übermächtigen Staates immer wieder verhindert hat" (Herz 1974a: 57) und somit die Vielfalt unabhängiger Staaten sicherstellt (vgl. ebd.). Krieg ist in einem anarchischen System aber trotz einer Balance of Power stets möglich (vgl. Jackson et al. 2016: 76).

Kritisiert wird am (Neo-)Realismus beispielsweise, dass wichtige Faktoren wie nichtstaatliche Akteure, Völkerrecht und Kooperationsfähigkeit bei der Betrachtung der internationalen Politik nicht berücksichtigt werden (vgl. Jackson et al. 2016: 87). Auch die Kategorie des Vertrauens

---

[1] Die Grundidee der Balance of Power existiert schon äußerst lange, angefangen bei dem indischen Philosophen Kautilya ca. 300 v. Chr. (vgl. Seabury 1965: 7).

bleibt ungenannt (vgl. Müller et al. 2006: 222). Wieso etwa die Bedrohung durch französische Atomwaffen von den USA anders als die von russischen bewertet wird, kann aus realistischer Sicht nicht erklärt werden.

2.2 Wettrüsten

Wie führt das Konzept der Balance of Power nun zu der Rüstungsspirale, die wir gemeinhin als Wettrüsten bezeichnen? Der Schlüssel hierzu liegt grundsätzlich in dem „Aktions-Reaktions-Schema":

> „Zwei Staaten, die sich in einem politischen Konflikt gegenüberstehen, miteinander rivalisieren oder nur einfach ein unterschwelliges Misstrauen gegeneinander hegen, beobachten sorgfältig die Verteidigungspolitik des jeweils anderen. Auf rüstungspolitische Entscheidungen des Gegenübers wird sofort reagiert: Auch nicht die kleinste Überlegenheit des Rivalen wird zugelassen, sondern mindestens Gleichstand, besser aber noch ein eigener Vorteil angestrebt. Gegnerische Rüstungsprojekte werden also automatisch mit eigenen Rüstungsprojekten gekontert. Es entsteht ein Kreislauf von *Aktion* und *Reaktion* [Hervorhebung i. O.], bei der jede Reaktion eines Handlungskreises zur einleitenden Aktion des nächsten wird" (Müller et al. 2006: 39).

Ähnlich argumentiert John H. Herz bei seiner Weiterentwicklung des bereits erwähnten Sicherheitsdilemmas: Weil die Staaten in der Anarchie leben, müssen sie stets Angriffe von anderen Staaten fürchten. Weil sie nach Sicherheit streben sind sie gezwungen, immer mehr Macht zu akkumulieren (also zu rüsten), um der Macht der anderen begegnen zu können. Dies wiederum führt zu Unsicherheit und Angst bei den anderen Staaten, die dann wiederum aufrüsten (vgl. Herz 1974b: 39): „Da sich in einer Welt derart konkurrierender Einheiten niemand je ganz sicher fühlen kann, ergibt sich ein Wettlauf um die Macht, und der Teufelskreis von Sicherheitsbedürfnis und Machtanhäufung schließt sich" (ebd.).

Eine Abrüstung wird verhindert durch das „Gefangenen-Dilemma". Aus diesem ergibt sich, dass unilaterale Abrüstung den Staaten keinen Vorteil bringen würde, für einen Vorteil müssten beide Staaten abrüsten. Aufgrund der mangelnden Sicherheit und Transparenz kann sich der einzelne Staat aber nicht darauf verlassen, dass der andere die Abrüstung auch wirklich vollzieht. Weil Unterlegenheit am unsichersten wäre, ist Rüsten die „dominante Strategie" (vgl. Müller et al. 2006: 44).[2]

Den Logiken von der Balance of Power und dem Wettrüsten widerspricht allerdings die Tatsache, dass es am Ende des kalten Krieges tatsächlich zu Entspannungspolitik, Abrüstung und der Etablierung von Waffenkontrollverträgen kam. Der bereits erwähnte Faktor des Vertrauens spielte hierbei eine große Rolle (vgl. Dülffer 2015: 171). Bis zum Beginn der Entspannung erwiesen sich die rationalistischen Annahmen des Realismus allerdings als durchaus zutreffend.

---

[2] Für eine genaue Erläuterung des Gefangenendilemmas siehe Müller et al. 2006: 40-46.

2.3 Nuklearwaffenpolitik und Balance of Terror

Der ehemalige nationale Sicherheitsberater und Außenminister der USA Henry Kissinger gilt als klassischer Realist (vgl. Jackson et al. 2016: 88), insbesondere die Theorie der Balance of Power hat ihn stark beeinflusst (vgl. Simowitz 1982: 3). Es ist deshalb anzunehmen, dass Morgenthaus Thesen einen starken Einfluss auf die amerikanische Nuklearwaffenpolitik während des kalten Krieges hatten. Die Logik des Gefangenendilemmas lässt sich außerdem gut mit der Einführung der Mehrfachsprengköpfe bei Atomraketen nachvollziehen: Ein gemeinsamer Verzicht hätte USA und UdSSR viel Geld gespart, aber durch Unsicherheit und mangelnde Transparenz wäre das Risiko eines einseitigen Verzichts und somit großer strategischer Unterlegenheit zu groß gewesen (vgl. Müller et al. 2006: 47). [3]

Vor allem aber haben Nuklearwaffen zu einer speziellen Form der Balance of Power geführt: der **Balance of Terror**. Diese Bezeichnung wurde erstmals Anfang der 1950er Jahre von Winston Churchill genutzt, nachdem die Sowjetunion Thermonuklearwaffen entwickelt hatte (vgl. Snyder 1965: 184). Während das Aufeinandertreffen von konventionellen Streitkräften in der Vergangenheit eine valide Option war, um die Kräfte zu messen und eine Balance wiederherzustellen (vgl. Snyder 1965: 191), so ist ein Aufeinandertreffen von Nuklearwaffen keinesfalls wünschenswert. Schon Morgenthau selbst schrieb, dass durch die Existenz von Nuklearwaffen Krieg kein rationales Mittel der Außenpolitik mehr sei (vgl. Morgenthau 1946: 156).

In der neuen Balance of Terror kann der Status Quo nur durch politischen Zwang geändert werden, genauer gesagt durch Erpressung (vgl. Snyder 1965: 189): „that is, by a process of blackmail supported by the threat of severe punishment" (ebd.). Ein Gleichgewicht herrscht, wenn die Abschreckung, also das Erpressungspotential beider Seiten, gleich groß ist. Hierbei ist allerdings nicht die rein quantitative Anzahl von Raketen und Bomben entscheidend. Vielmehr geht es darum, wie viel Schaden die Widersacher jeweils zu akzeptieren bereit sind (vgl. ebd.).

> "Thus, in contrast to the old balance of power, in which the state of the equilibrium could be objectively – if roughly- determined by the uninvolved observer, such an observer can only intuitively guess at equilibrium in the balance of terror, since it depends principally on whether the gains to be made or losses to be avoided by striking first are less than the costs to be incurred – all as subjectively valued in the minds of the decisionmakers" (ebd.).

Die einzelnen Staaten wissen zwar, wie hoch ihre Toleranz für Schaden im eigenen Land ist, aber die Einstellung ihres Gegners können sie nur erraten. Die Einschätzung, ob ein

---

[3] Die Rüstungsdynamik im kalten Krieg kann auch als „Chicken Game" betrachtet werden. Hierbei handelt es sich um eine Abwandlung des Gefangenendilemmas. Siehe Müller et al. 2006: 47-51.

Gleichgewicht überhaupt existiert, ist also ein „guessing game (vgl. ebd.). Somit kann es auch sehr unterschiedliche Ansichten darüber geben, ob ein Gleichgewicht gerade vorhanden ist oder nicht – etwa, wenn die amerikanischen Atomraketen zahlenmäßig zwar (schätzungsweise) mehr sind, die Opferbereitschaft der Sowjets aber höher als die der Amerikaner eingeschätzt wird.

2.4 Zwischenfazit

Wie gezeigt wurde, hat das Konzept der Balance of Power sich in besonderer Weise in der Nuklearwaffenpolitik manifestiert: Die speziellen Charakteristika der Nuklearwaffen, insbesondere ihre immense Zerstörungskraft, führten zu einer Balance of Terror. In dieser geht es nicht darum, welcher Staat einen anderen bei einem Konflikt besiegen und sein Land erobern könnte, sondern darum, wer dem anderen mehr Schaden zufügen kann als dieser (vermeidlich) zu tolerieren bereit ist. Weil ein tatsächliches Aufeinandertreffen von Nuklearwaffen nicht wünschenswert ist, so zählt das Erpressungspotential von Nuklearwaffen.

Nicht nur die konkrete Rüstungssituation des Gegners ist undurchsichtig, sondern auch seine Schadenstoleranz. Diese starke Unsicherheit führt zu einem umso stärkeren Wettrüsten: Da man nie sicher sein kann, wie viel der Gegner „einzustecken" bereit ist, ist es sicherer, die Abschreckungskapazität möglichst weit auszubauen. Es ist somit fragwürdig, ob es hier wirklich noch um die Herstellung eines Gleichgewichts geht. Eher lässt sich von einem Wettrüsten „ins Unendliche" sprechen.

Wenn also Cyberwaffen ähnliche Eigenschaften wie Nuklearwaffen aufweisen, so lässt sich hier ebenfalls ein Wettrüsten erwarten, das die gleichen Ausmaße wie das des Kalten Krieges annehmen wird. Aus diesem Grund wird im nächsten Kapitel untersucht, inwieweit sich Cyber- und Nuklearwaffen einander ähneln.

3. Vergleichbarkeit von Nuklearwaffen und Cyberwaffen

Herkömmliche Waffen, so auch Nuklearwaffen, können sich entweder in der Luft, auf dem Boden oder im Wasser befinden. Cyberwaffen jedoch können in einer völlig neuen Dimension operieren. Diese soll im ersten Unterkapitel vorgestellt werden, zu diesem Zweck erfolgt eine kurze Erläuterung der Begriffe Cyberspace, Cyber Security und der Arten von Cyberwaffen. Anschließend werden Nuklear- und Cyberwaffen anhand verschiedener Merkmale verglichen, die besonders zur Bildung einer Balance of Terror führen. Hierfür wurden die Bereiche

Zerstörungskraft, Verteidigungsmöglichkeiten, Zählbarkeit und das Potential zur Abschreckung bzw. zur Vergeltung konventioneller Angriffe ausgewählt.

Bei der folgenden Untersuchung werden ausschließlich die sogenannten „strategischen" Nuklearwaffen betrachtet. Diese können große Strecken zurücklegen und haben das Potential, große Teile der gegnerischen Infrastruktur zu zerstören. „Taktische" Nuklearwaffen (auch Gefechtsfeldwaffen genannt, vgl. Krell 1982: 45) dagegen haben kürzere Reichweiten und sind für die direkte Verwendung gegen gegnerische Truppen auf dem Schlachtfeld konstruiert (vgl. Woolf 2019: 3). Da ihr Drohpotential und somit ihre Bedeutung im Wettrüsten deutlich geringer ist als bei strategischen Waffen, sind sie für die vorliegende Arbeit weniger relevant. Bestimmte technische Besonderheiten, wie etwa der Unterschied zwischen Trägerraketen mit Fest- oder Flüssigtreibstoff, sind für die Beantwortung der Forschungsfrage ebenfalls nicht ausschlaggebend.

Auch Cyberwaffen lassen sich in „taktisch" und „strategisch" einordnen. Eine taktische Anwendung wäre es beispielsweise, wenn mithilfe von Cyberwaffen die Kommunikation (und somit die Koordination) von Militäreinheiten gestört wird (vgl. Betz et al. 2011: 94) oder absichtlich falsche Befehle übermittelt werden (vgl. Betz et al. 2011: 149). Strategisch sollen hier Cyberwaffen genannt werden, die große Teile der feindlichen Infrastruktur angreifen und somit potentiell auch viele zivile Todesfälle herbeiführen können. Auch hier wird sich die vorliegende Arbeit auf die strategischen Waffen konzentrieren.

Nachdem die Charakteristika beider Waffenarten untersucht wurden, wird ein Resümee über Gemeinsamkeiten und Unterschiede sowie die zugehörigen Schlussfolgerungen gezogen.

3.1 Cyberspace

„Der Cyberspace umfasst sämtliche Computernetze der Welt und alles, was sie steuern und miteinander verbinden. Er ist nicht auf das Internet beschränkt. [...] Aus jedem an das Internet angeschlossene Netz sollte es möglich sein, mit jedem Computer zu kommunizieren, der an irgendein anderes Netz im Internet angeschlossen ist. Der Cyberspace beinhaltet das Internet *zuzüglich* [Hervorhebung i.O.] vieler weiterer Computernetze, die eigentlich nicht vom Internet aus zugänglich sein sollten" (Clarke et al. 2011: 103).

Der Begriff „Cyber Security" bezeichnet den Schutzstand all dieser Objekte, die im virtuellen Raum verknüpft sind. Dazu zählen Computer und andere von Prozessoren gesteuerte Geräte (Hardware), ihre Software, Netzwerkgeräte und Leitungen, und die in den Computern archivierten Daten. Angriffsmöglichkeiten ergeben sich durch organisatorische Mängel, fehlerhafte Hard- und Software sowie Nutzerfehler („menschliches Versagen") (vgl. Unger 2011: 189). Um diese Schwachpunkte ausnutzen und sich dagegen verteidigen zu können, existieren grundsätzlich drei Arten von Cyberwaffen (vgl. Heickerö 2013: 26f.):

- Computer Network Exploitation. Hier geht es um das Ausspähen der gegnerischen Systeme und das Vorbereiten von Angriffen.
- Computer Network Attacks: Nach der erfolgreichen Exploitation ist ein Angriff möglich. Diese Angriffe können sehr unterschiedliche Formen annehmen, etwa das Stören der gegnerischen Informationsübermittlung oder die Zerstörung seines Equipments. Es können aber auch nur unauffällig Daten kopiert werden.
- Computer Network Defence: Hier geht es darum, die eigenen Systeme, Netzwerke und Software vor gegnerischen Eingriffen zu schützen.

3.2 Zerstörungskraft

Das prägnanteste Charakteristikum von Nuklearwaffen ist deren „überdimensionale Zerstörungskraft" (Miksche 1972: 17). Diese Zerstörungskraft ergibt sich aus der Freisetzung von Druckwelle, Hitze, radioaktiver Strahlung und elektromagnetischem Impuls, die bei der Detonation entstehen. Heutige Nuklearwaffen haben ein immens höheres Zerstörungspotential als die Bomben, die von den USA gegen Japan eingesetzt wurden: Während die auf Hiroshima abgeworfene Bombe „Little Boy" eine Sprengkraft hatte, die in etwa äquivalent zu 15 Kilotonnen TNT ist, so können moderne Sprengköpfe Energien im Megatonnenbereich freisetzen (vgl. Sauer 2017: 925).[4] Dadurch ist es möglich, ganze Großstädte mit einer einzigen Bombe zu vernichten. Je nach Windrichtung- und Stärke werden außerdem große Landstriche radioaktiv verstrahlt. Jede einzelne Nuklearwaffe hat das Potential, mehrere hunderttausend Menschen zu töten.

Das Zerstörungspotential von Cyberwaffen ergibt sich aus deren Fähigkeit, sogenannte „kritische Infrastruktur" zu attackieren. Zu dieser Infrastruktur zählen beispielsweise Banken und Finanzinstitute, Telekommunikationssysteme oder Stromnetze (vgl. Heickerö 2013: 25) sowie Transportnetzwerke, Kraftstoffversorgung, Notdienste, Sozialdienste, Justiz und Gesundheitsdienstleitungen (vgl. Lukasik et al. 2003: 5). All diese Sektoren sind stark von Computern und deren Vernetzung abhängig (ebd.). Die verschiedenen Systeme untereinander sind interdependent, schon die kleinste Störung eines Systems kann sich sehr schnell auf andere Systeme ausweiten. (vgl. Lukasik et al. 2003: 7, Petermann et al. 2011: 34, Heickerö 2013: 25).

---

[4] Die Zerstörungskraft von Nuklearwaffen wird auf der Website https://nuclearsecrecy.com/nukemap/ sehr anschaulich dargestellt. Hier kann der Nutzer eine virtuelle Nuklearwaffe in einer beliebigen Stadt detonieren lassen, verschiedene Waffen stehen zur Auswahl. Die Radien von Strahlung, Feuerball, Druckwelle und Hitze werden grafisch dargestellt, ebenso Opferzahlen und die Ausbreitung des Fallouts.

Eine Störung der Systeme kann signifikante ökonomische und physische Folgen für die Bevölkerung eines Staates haben (vgl. Lukasik et al. 2003: 5) und zu nachhaltig wirkenden Versorgungsengpässen führen (vgl. Unger 2011: 192), zahlreiche Todesfälle sind möglich (vgl. Betz et al. 2011: 93). Sogar das Kollabieren des „gesamten gesellschaftlichen Systems" wird stellenweise vorhergesagt, ein technischer Rückschritt auf „quasi archaisches Niveau" (vgl. Petermann et al. 2011: 34). In Deutschland wird die Gefährdungslage kritischer Infrastrukturen vom Bundesamt für Sicherheit in der Informationstechnik als „hoch" eingestuft (vgl. Bundesamt für Sicherheit in der Informationstechnik 2019: 46).

Insbesondere ein landesweiter Ausfall der Stromversorgung hätte dramatische Konsequenzen[5] – und Stromversorger sind im Cyberspace sehr verwundbar. Ein Großteil der Geräte ist mit dem Intranet der Unternehmen (und damit auch mit dem Internet) verbunden. Bereits 2003 konnte beispielsweise durch einen „Wurm" (eine Art von Schadsoftware) ein Stromausfall in den USA ausgelöst werden, der 50 Millionen Menschen betraf, teilweise die Wasserversorgung lahmlegte und mancherorts vier Tage lang andauerte (vgl. Clarke et al. 2011: 138f.). In Deutschland hätte ein Stromausfall die Folge, dass unter anderem nach spätestens einer Woche nahezu alle gesundheitlichen Infrastrukturen (Krankenhäuser etc.) völlig eingestellt und sehr viele Todesfälle zu beklagen wären (vgl. Petermann et al. 2011: 218f.). In der vorhandenen Literatur wird keine genaue Zahl genannt, aber alleine für über 80.000 Dialysepatienten in Deutschland wäre die Situation bereits nach wenigen Tagen hochproblematisch. Durch Ausfall der Kommunikationsmöglichkeiten wäre es außerdem nicht mehr möglich, Notrufe an Rettungsdienst, Feuerwehr oder Polizei abzusetzen.

Eine Möglichkeit, die Stromnetze eines Landes anzugreifen, ist beispielsweise das Platzieren von „logischen Bomben". Diese werden im Voraus auf Computer „eingeschleust". Wenn sie ausgelöst werden, können sie der Hardware den Befehl geben, sich selbst zu zerstören – so können sie etwa die Schaltkreise von Transformatoren durchbrennen lassen (vgl. Clarke et al. 2011: 130). Im Stromnetz der USA wurden solche logischen Bomben bereits gefunden, platziert von China (vgl. Clarke et al. 2011: 95). Cyberangriffe haben aber auch das Potential, sehr viel mehr auszulösen als das Zusammenbrechen eines Stromnetzes. Es besteht prinzipiell die Möglichkeit, dass die Waffen (wie etwa Raketen) eines Staates gegen ebendiesen Staat selbst eingesetzt werden (vgl. Clarke et al. 2011: 131). Angriffe auf Atomkraftwerke sind ebenfalls möglich – oder auf Chemiewerke: Hier könnten giftige Mischungen in öffentliche Gewässer

---

[5] Für eine Veranschaulichung des Worst-Case-Szenarios in den USA siehe Clarke et al. 2011: 98-102, für die Folgen eines Stromausfalls in Deutschland siehe Petermann et al. 2011.

geleitet werden (vgl. Gaycken 2015: 234). Außerdem können beispielsweise Flugzeuge zum Absturz oder Züge zum Entgleisen gebracht werden (vgl. Clarke et al. 2011: 135). US-amerikanische Autoren gehen davon aus, dass aktuell mindestens 20 Staaten die Möglichkeit haben, solche Angriffe auszuführen (vgl. Unger 2011: 195).

3.3 Verteidigungsmöglichkeiten

Ein weiteres wichtiges Charakteristikum, das hier betrachtet werden soll, ist die Nichtabwehrbarkeit. Diese ergab sich bei Nuklearwaffen insbesondere durch die Einführung von Raketen mit Mehrfachsprengköpfen: Raketen können mit mehreren Sprengköpfen versehen werden, die jeweils auf unterschiedliche Ziele gelenkt werden können. Die einzelnen Sprengköpfe im Anflug zu lokalisieren und zuverlässig zu zerstören, ist technisch nicht möglich (vgl. Müller et al. 2006: 80). Somit erschien es sinnlos, in einen Ausbau von Abwehrmaßnahmen zu investieren:

> „Bei der Nuklearstrategie sprach vieles für eine „Bevorzugung der Offensive", weil jede Abwehrmaßnahme durch einen Überraschungsangriff zum richtigen Zeitpunkt überwunden werden konnte. Es kostet deutlich weniger, Angriffsraketen an Abwehrmaßnahmen anzupassen, als auch nur einen minimalen Raketenschutz aufzubauen. Was immer man zur Verteidigung unternahm, die Angriffswaffen blieben weiterhin überlegen, ohne dass man dafür großen zusätzlichen Aufwand betreiben musste" (Clarke et al. 2011: 244).

Die Tatsache, dass Nuklearwaffen mit ihrer bereits erläuterten immensen Zerstörungskraft mit hoher Wahrscheinlichkeit nicht rechtzeitig abgewehrt werden können, sowie die von Clarke erläuterte „Bevorzugung der Offensive", trugen maßgeblich zur Erhöhung von Unsicherheit und zum Erstarken des Wettrüstens bei.

Auch bei Cyberwaffen gestaltet sich die Abwehrbarkeit schwierig. Der Cyberspace ist mittlerweile mit beinahe allen ordentlichen Bereichen des Lebens verknüpft (vgl. Betz et al. 2011: 105) – die möglichen Angriffspunkte sind somit mannigfaltig, ein umfassender Schutz sämtlicher Zugriffspunkte erscheint utopisch. Will ein Angreifer einen bestimmten Ort im Cyberspace attackieren, so ist es dafür nicht notwendig, lange Strecken zeitaufwendig zu überwinden – deshalb wird hier von einem „Death of Distance" gesprochen (vgl. Betz et al. 2011: 103, Heickerö 2013: 24). Angriffe können somit sehr plötzlich und ohne Vorwarnzeit kommen. Ein weiteres Problem ist das der Zuständigkeit für die Verteidigung. Viele Dienstleistungen, die zur kritischen Infrastruktur gehören, sind in privater Hand (so beispielsweise die Stromerzeugung). Welche Maßnahmen zum Schutz der eigenen Systeme getroffen werden, ist vom Ermessen der Eigentümer abhängig (vgl. Lukasik et al. 2003: 16, 18). Auch auf der staatlichen Ebene besteht oftmals Unklarheit darüber, welche Behörden für den Schutz bestimmter Bereiche zuständig sind (vgl. Clarke et al. 2011: 189, Unger 2011: 193).

Dennoch existieren Möglichkeiten, eine effektive Cyberabwehr aufzubauen. Die Eigentümer privater Unternehmen können kooperieren, indem sie etwa Informationen über Angriffe miteinander teilen und gemeinsame Schutzmaßnahmen entwickeln (vgl. Lukasik et al. 2003: 19). Staaten können Privatunternehmen außerdem Mindeststandards auferlegen, die eingehalten werden müssen. Auch in Deutschland sind Betreiber kritischer Infrastruktur zu einem gewissen Minimum an Schutzmaßnahmen verpflichtet (vgl. Bundesministerium für Sicherheit und Informationstechnik 2019: 48). Zwar kann eine absolut sichere Verteidigung gegen Cyberattacken wohl eher nicht erreicht werden (vgl. Lukasik et al. 2003: 15), aber das Risiko erfolgreicher Angriffe kann mit hohen Investitionen und sinnvollen Maßnahmenpaketen definitiv eingeschränkt werden. Außerdem können Cyberwaffen, die für den Angriff konzipiert sind, nicht genutzt werden, um die Cyberwaffen des Feindes zu zerstören. Wie bereits erwähnt, wird eine Unterscheidung zwischen Computer Network Attacks und Computer Network Defense getroffen.

3.4 Zählbarkeit

Außerdem relevant für die Entstehung von Unsicherheit ist die problematische Zählbarkeit von Nuklearwaffen. Allgemein verbindliche oder objektiv richtige Zählkriterien existieren nicht (vgl. Nielsen 1984: 227). Grund dafür sind schwer quantifizierbare qualitative Unterschiede, beispielsweise in der Zielgenauigkeit der Waffen (vgl. Krell 1984: 217). Dadurch wird die Feststellbarkeit eines Gleichgewichts zusätzlich erschwert. Selbst wenn nur quantitative Vergleiche herangezogen und Faktoren wie die Schadenstoleranz unberücksichtigt bleiben würden, so ist die Einschätzung der nuklearen Kapazitäten anderer Staaten kompliziert. Zumindest können die Waffensysteme hinsichtlich ihrer bloßen Menge aber objektiv gezählt werden, auch wenn sich dies bei der Beurteilung der qualitativen Eigenschaften und der Einsatzmöglichkeiten, wie erwähnt, schwierig gestaltet (vgl. Nielsen 1984: 227f.).

Die Zählbarkeit und somit die Vergleichbarkeit von militärischen Kapazitäten im Cyberbereich gestaltet sich ebenfalls schwierig. Da Angriffswaffen nicht gleichzeitig auch zu Zwecken der Verteidigung genutzt werden können, müssen die Verteidigungsfähigkeit sowie die Abhängigkeit vom Internet (also die Verwundbarkeit) eines Staates zusätzlich berücksichtigt werden (vgl. Clarke et al. 2011: 194). Einen Versuch, die Situation verschiedener Länder zu vergleichen, unternehmen Clarke und Knake in Form der hier dargestellten Tabelle:

Tabelle 1: Ausgangslage in einem Netzkrieg

	Virtuelle Offen-sivkraft	Abhängigkeit von vernetzten Systemen	Virtuelle Vertei-digungsfähig-keit	Gesamt
USA	8	2	1	11
Russland	7	5	4	16
China	5	4	6	15
Iran	4	5	3	12
Nordkorea	2	9	7	18

[Quelle: Clarke et al. 2011: 195]

Die zugewiesenen Werte sind allerdings nicht nachvollziehbar ermittelt worden, sie beruhen auf der persönlichen Einschätzung der Autoren. Der Wert der Abhängigkeit von vernetzten Systemen ist umso höher, desto weniger ein Land vernetzt ist, weil diese fehlende Vernetzung zu einer geringeren Verwundbarkeit und somit zu einer günstigeren Position in einem mögli-chen Cyberkrieg führt (vgl. Clarke et al. 2011: 195). Dem Autor sind bisher keine Möglichkei-ten bekannt, wie Cyberkapazitäten objektiv nachvollziehbar gemessen werden können. Die Möglichkeiten, Kapazitäten des Gegners herauszufinden, sind noch schlechter als bei Nuklear-waffen. Durch Luftaufnahmen konnten beispielsweise Raketensilos entdeckt werden. Schad-software, die etwa einen Stromausfall auslösen kann, kann sich theoretisch auf einem USB-Stick in einer Schublade befinden.

Das Beispiel von Clarke und Knake verdeutlicht, dass westliche Staaten mit ähnlicher Infra-struktur wie die USA (und somit auch viele NATO-Staaten) potentiell eine schlechtere Aus-gangslage in einem Cyberkrieg hätten. China hat sogar die Möglichkeit, das eigene Internet im Falle eines Angriffs komplett zu isolieren, also die Verbindung zu anderen Netzen zu kappen (vgl. Stephens et al. 2010: 10, Clarke et al. 2011: 195). [6]

---

[6] Dieses Manöver wird in der Literatur auch als „kill switch" bezeichnet, vgl. Stephens et al. 2010: 10.

3.5 Potential zur Abschreckung

Nuklearwaffen wurden insbesondere eingesetzt, um Staaten ohne eigene Nuklearwaffen davor abzuschrecken, mit ihren konventionellen Waffen anzugreifen – in diesem Fall hätte nukleare Vergeltung droht. Die NATO entwickelte zu diesem Zweck 1957 die Strategie der „Massive Retaliation":

> „Sie ging von der Existenz eines strategisch unverwundbaren – amerikanischen – Nato-Nuklearpotentials aus, das den potentiellen Gegner, die UdSSR und ihre Verbündeten, abschrecken sollte. Sollte dies scheitern, würde der Schwerpunkt der asymmetrischen Antworten aber nicht mehr auf der Verteidigung von Territorium, sondern bei der sofort eingeleiteten atomaren Gegenoffensive liegen" (Varwick 2017: 87).

Diese Strategie funktionierte freilich nur, solange die USA auch wirklich das Monopol auf Nuklearwaffen hatten. Nachdem die Sowjetunion aufgerüstet hatte, hätte eine nukleare Reaktion der NATO auf einen konventionellen Angriff wiederum selbst eine nukleare Antwort der Sowjetunion ausgelöst – so entstand die Balance of Terror. Weil die vorherige Strategie damit unglaubwürdig wurde, entstand 1968 die neue Strategie der „Flexible Response". Im Falle eines konventionellen Angriffes sollte dieser zunächst auch konventionell abgewehrt werden (vgl. Varwick 2017: 87f.). Falls dies nicht erfolgreich ist, sollte mit „Deliberative Escalation" (vorbedachte Eskalation) der Rahmen und die Intensität des Konflikts ausgeweitet werden, um die Kosten für den Angreifer soweit zu erhöhen, dass sie in keinem vernünftigen Verhältnis zu seinen Zielen standen" (Varwick 2017: 88) – auch mit selektiven Nuklearschlägen und in der höchsten Eskalationsstufe mit dem kompletten nuklearen Arsenal (vgl. ebd.).

Die Verfolgung einer Strategie der Massive Retaliation ist im Cyberraum nicht umsetzbar. Damit die Abschreckung funktioniert, muss dem Abzuschreckenden klar sein, was diesem im Falle eines Angriffs oder bei Nichtbefolgung des Willens des Bedrohenden konkret droht. Informationen über die Cyberkapazitäten eines Staates sind aber oftmals streng geheim (vgl. Clarke et al. 2011: 155). Die Geheimhaltung ergibt Sinn, denn sämtliche Informationen können Gegner nutzen, um eine maßgeschneiderte Verteidigung gegen die Waffen zu entwickeln. Eine Machtdemonstration ist darum auch nicht möglich: Ein Schadprogramm einmal eingesetzt wurde, kann es analysiert und Gegenmaßnahmen entwickelt werden (vgl. Clarke et al. 2011: 245f.). Drohungen ohne die Preisgabe von genaueren Informationen könnten leicht als Bluff abgetan werden. Dadurch fehlt es Cyberwaffen an dem Erpressungspotential, das Nuklearwaffen aufweisen und durch welches sich die Balance of Terror bilden konnte. Hinzu kommt, dass eine Strategie der Massive Retaliation eigentlich schon per se unpassend ist, denn aktuell kann kein Staat davon ausgehen, ein Monopol an strategischen Cyberwaffen zu besitzen. Es wurde bereits erwähnt, dass aktuell schätzungsweise über 20 Staaten diese Waffen besitzen. Eine genaue Einschätzung gestaltet sich aufgrund der soeben erläuterten Geheimhaltung schwierig.

Doch auch die Flexible Response mithilfe von Cyberwaffen ist (für die NATO) nicht sinnvoll. Dies lässt sich dadurch begründen, dass die Effektivität von Cyberangriffen vermutlich eingeschränkt ist, wenn es vor der Attacke bereits zu einer Krise gekommen ist. Wie bereits erwähnt, kann beispielsweise China vorsorglich sein gesamtes Netz isolieren. Nordkorea scheint von vornherein so wenig vernetzt zu sein, dass eine Abschottung gar nicht nötig, bei Bedarf aber sicherlich schnell umsetzbar ist. „[…] cyber warfare is asymmetrically advantageous for the DPRK. As the country is almost entirely not connected to the internet, it is much less exposed to such attacks […]" (Cordesman 2016: 26).

Für potentielle Kontrahenten der NATO dagegen wäre eine Strategie der Flexible Response durchaus eine Option. Diese lässt sich nämlich auch umsetzen, ohne vorher Beweise für die Zerstörungskraft der eigenen Waffen erbringen zu müssen. Im Rahmen der absichtlichen, „vorausbedachten" Eskalation kann das Zerstörungspotential durch den tatsächlichen Einsatz demonstriert werden – In der Hoffnung, dass die Gegner ihre Aggressionen einstellen, nachdem die Kosten einer Weiterführung des Konflikts zu hoch ansteigen. NATO-Staaten sind im Cyberspace aufgrund ihres hohen Grades an Vernetzung äußerst verwundbar, auch wenn es bereits zu einer Krise gekommen ist. Sie können sich beispielsweise nicht vom Internet isolieren, so wie China. China oder Nordkorea können diesen strategischen Vorteil nutzen, um die Schwächen ihrer unterlegenen konventionellen und nuklearen Kapazitäten zu kompensieren. Diese chinesische Strategie der asymmetrischen Kriegsführung nennt sich „inferior versus superior" (vgl. Heickerö 2013: 53).

3.6 Zwischenfazit

Die Zerstörungskraft von Nuklearwaffen ist relativ einfach nachzuvollziehen und wurde durch die Einsätze im zweiten Weltkrieg sowie zahlreiche Detonationstests bereits oft visualisiert. Bei Cyberwaffen gestaltet sich die Einschätzung des Zerstörungspotentials weitaus komplizierter. Angriffe, die zur umfassenden Zerstörung einer staatlichen Infrastruktur und zu zahlreichen Todesfällen geführt haben, sind bisher nicht vorgekommen – offensichtlich sind sie aber *möglich*. In den meisten Fällen würde die verheerende Wirkung eines Angriffs nicht sofort, wie bei Nuklearwaffen, sondern erst einige Zeit später einsetzen: Wenn beispielsweise die Notstromaggregate von Krankenhäusern aussetzen und eine Kraftstoffversorgung nicht gewährleistet werden kann. Die absichtliche Herbeiführung von Flugzeugabstürzen wäre zwar unverzüglich, die Zahl der Todesopfer aber nicht mit der von Nuklearwaffen vergleichbar. Am verheerendsten wäre es, wenn die Waffen eines Gegners (und evtl. auch Nuklearraketen) gegen den Eigentümer selbst eingesetzt oder Atomkraftwerke attackiert werden würden. Da auch dies noch nicht vorgekommen ist, ist jedoch unklar, ob die Möglichkeit tatsächlich besteht. Insgesamt lässt sich feststellen, dass Cyberwaffen zwar theoretisch das Potential einer ähnlichen Zerstörungskraft wie Nuklearwaffen haben, es allerdings um ein Vielfaches unklarer ist, ob diese Zerstörung tatsächlich in einer entsprechenden Intensität stattfinden kann.

Die Verteidigungsmöglichkeiten gestalten sich im Cyberbereich wesentlich besser als bei Nuklearwaffen. Zwar kann ein umfassender Schutz nicht garantiert werden, bei Ergreifung der richtigen Maßnahmen lassen sich die Risiken aber einschränken. Bei Nuklearwaffen war Verteidigung spätestens ab Einführung der Mehrfachsprengköpfe keine Option mehr. Dies führte zu einer „Bevorzugung der Offensive", die darin resultierte, dass gegnerische Nuklearwaffen durch eine noch größere Zahl eigener Waffen abgewehrt werden sollten – eine Strategie, die erheblich zur Entstehung von Wettrüsten beiträgt. Offensive Cyberwaffen dagegen können andere offensive Cyberwaffen nicht vernichten. Schadsoftware kann sich bis zu ihrem Einsatz vom Netz vollkommen abgekapselt auf einer Festplatte befinden.

In der mangelnden Zählbarkeit sind sich Nuklear- und Cyberwaffen äußerst ähnlich. Bei beiden ist eine objektive Quantifizierung kaum möglich, aufgrund der unterschiedlichen qualitativen Eigenschaften. Bei der Thematik des Vergleichs postulieren Clarke und Knake, dass westliche Staaten aufgrund ihres großen Maßes an Vernetzung bei einem Cyberkrieg benachteiligt wären. Die mangelnde Zählbarkeit beider Waffen führt zu einer Vergrößerung von Unsicherheit, und somit zu einer Förderung von Wettrüsten.

Das Potential zur Erpressung ist bei Cyberwaffen nicht zu finden, denn die Potentiale von Cyberwaffen müssen geheim gehalten werden. Abschreckungsstrategien, die mit Nuklearwaffen verfolgt wurden, sind für die NATO nicht auf Cyberwaffen übertragbar, denn diese wären im Falle eines Konflikts stark in ihrer potentiellen Wirkung eingeschränkt. Für Staaten wie beispielsweise China würde sich eine Strategie der Flexible Response durchaus anbieten.

Insgesamt lässt sich festhalten, dass Nuklearwaffen und Cyberwaffen in einigen Aspekten vergleichbar sind. Sie ähneln sich darin, dass auch Cyberwaffen kein Territorium angreifen oder halten können. Es kommt also auch hier darauf an, die Schadenstoleranz des Gegners zu übertreffen. Außerdem können sie (von manchen Staaten) für Vergeltungsstrategien eingesetzt werden, sie sind außerdem schlecht zählbar bzw. vergleichbar. Die Entstehung einer Balance of

Terror ist im Cyberbereich aber nicht zu erwarten: Cyberwaffen können **nicht** genutzt werden, um Gegner zu erpressen Doch es bleibt die Möglichkeit, dass ein Wettrüsten entsteht – wenn auch in anderer Form als bei den Nuklearwaffen, aber mit der gleichen Intensität. Zwar können Verteidigungsmaßnahmen gegen Cyberwaffen nicht mit Aufrüstung verwechselt werden, denn sie können **nur** verteidigen. Wenn aber offensive Cyberwaffen im Rahmen einer Strategie der Flexible Response von Staaten wie China eingesetzt werden, so sind diese zwar für Verteidigungszwecke entworfen worden – sie könnten aber auch zu Angriffszwecken eingesetzt werden, und werden von anderen Staaten auch so wahrgenommen: Ein Sicherheitsdilemma nach Herz entsteht.

Für die NATO stellen chinesische Cyberwaffen eine Bedrohung dar, denn China ist kein Mitglied und somit ein potentieller Widersacher. Die USA stufen China neben Russland als größte Bedrohung im Cyberspace ein (vgl. Heickerö 2013: 40). Die Gefahr, dass China offensive Cyberwaffen zu Beginn eines Angriffskrieges einsetzt, ist theoretisch gegeben. Im folgenden Kapitel wird deshalb eine mögliche Strategie untersucht, mit der die NATO sich dieser Bedrohung erwehren kann.

4. Nuklear vs. Cyber? Das Problem der Anonymität

Wie im letzten Kapitel gezeigt wurde, können Länder mit guten Offensivkapazitäten und wenig Verwundbarkeit im Cyberraum ihre Cyberwaffen nutzen, um andere Staaten vor Angriffen mit konventionellen oder nuklearen Waffen abzuschrecken. Doch wie sollten die NATO-Staaten ihre Gegner wiederum davor abschrecken, dass diese ihre strategischen Cyberwaffen zu Beginn eines Konflikts einsetzen („first-use")? Wie erläutert wurde, besitzt die NATO eine überlegene Kapazität an konventionellen und vor allem Nuklearwaffen. Es würde also zunächst Sinn ergeben, die Doktrin zu formulieren, dass massive strategische Cyberangriffe auf die eigene Infrastruktur mit dem Einsatz von Nuklearwaffen vergolten werden. In diesem Fall würde sich ein neues Wettrüsten nicht nur in der Form „Cyber vs. Cyber", sondern auch als „Cyber vs. Nuklear" abspielen.

Die Vergeltung von Cyberangriffen gestaltet sich allerdings äußerst kompliziert: Die Identität eines Angreifers ist meistens unbekannt, die Herkunft einer Attacke kann in vielen Fällen nicht zurückverfolgt werden (vgl. Betz et al. 2011: 88, Clarke et al. 2011: 102, Unger 2011: 195). Würde ein Staat ohne Vorwarnung mit strategischen Cyberwaffen angegriffen werden, so wäre also mit hoher Wahrscheinlichkeit unklar, wer die Attacke verübt hat. Zwar ließen sich Vermutungen darüber anstellen, welcher Staat den Angriff verübt hat, doch das Risiko einer

Fehleinschätzung und die daraus entstehenden Folgen wären immens. Die Abschreckung durch nukleare Vergeltung hätte also nicht das Potential, Cyberangriffe zu verhindern – somit ist auch ein Wettrüsten in Form von „Cyber vs. Nuklear" nicht abzusehen. Die Gefahr, dass Cyberwaffen ohne vorherige Ankündigung eingesetzt werden, bleibt bestehen. Ulrike Franke äußerte bereits die Befürchtung, dass „neue Technologien die nukleare Abschreckung schwächen oder obsolet machen könnten" (Franke, zit. nach Groeneveld 2019: Abs. 16). Cyberwaffen, mit denen anonym Angriffe durchgeführt werden können, lassen sich zu ebendiesen Technologien zählen.

5. Fazit: Die Spirale dreht sich

Wir haben festgestellt, dass ein Aufrüsten von Cyber-Offensivwaffen zu Vergeltungszwecken für die NATO-Staaten keine rationale Strategie ist. Auch die Formulierung einer nuklearen Vergeltungsdoktrin gegen Cyberangriffe und somit der Aufbau westlicher nuklearer Kapazitäten ist nicht empfehlenswert. Es bleibt für die Staaten der NATO nur der Ausbau der eigenen Computer Network Defense und die größtmögliche Verringerung der eigenen Verwundbarkeit. Auch Clarke und Knake sind bei ihrer Untersuchung zu dem Schluss gekommen, dass der Schutz vor Cyberangriffen (im Sinne der Computer Network Defense) für die USA die priorisierte Strategie sein sollte (vgl. Clarke et al. 2011: 204).

Das aktuelle Strategiepapier der NATO lässt darauf schließen, dass die hier vorgeschlagene Strategie gegenwärtig auch in der Realität umgesetzt wird. Die Mitgliedsstaaten geloben, ihre Bemühungen in der Cyberabwehr zu verstärken (Cyber Defense Pledge). Außerdem wird eine grenzübergreifende Kooperation bei etwa der Gestaltung von Übungen und Trainings, sowie Informationsaustausch angestrebt (NATO 2016: Abs. 70f.)). Die NATO selbst unterhält außerdem eigene Einrichtungen der Cyber-Defense: Die „Communications and Information Agency" und das „Cyber Operations Centre" in Mons (Belgien). Nach eigener Aussage plant die NATO (als Organisation) nicht, offensive Kapazitäten zu entwickeln (vgl. NATO 2019b: 2).

Die vorgestellten Maßnahmen tragen zum Entstehen einer besonderen Rüstungsspirale bei. Die NATO baut ihre Cyberverteidigung aus, um Angriffe abwehren zu können. Weil Unsicherheit über die Kapazitäten der Gegner herrscht und Cyberwaffen kaum miteinander vergleichbar sind, ist dieser Aufrüstung in der Verteidigung keine Grenze gesetzt. Staaten wie China, die Cyberwaffen im Sinne einer Flexible Response nutzen können, werden dagegen bei ihren Offensivwaffen aufrüsten. Auch hier sind der Aufrüstung keine Grenzen gesetzt: Die Stärke der Verteidigung von Widersachern ist weitgehend unbekannt, die Schadenstoleranz ebenfalls.

Obwohl das Konzept der Balance of Terror nicht auf Cyberwaffen übertragbar ist, so lässt sich letztendlich trotzdem ein Wettrüsten „ins Unendliche" erwarten – wie im Kalten Krieg. Der Unterschied zu damals ist, dass durch die neue Waffenart nicht die ganze Welt von totaler Vernichtung bedroht ist, sondern lediglich die sich in Verteidigungshaltung befindenden westlichen Staaten. Zumindest ist nicht zu erwarten, dass Aufrüstung von Cyberwaffen auch zu einer Aufrüstung von Nuklearwaffen führen wird, denn eine nukleare Vergeltungsstrategie ist nicht dazu geeignet, Cyberangriffe abzuschrecken.

Um die Forschungsfragen abschließend zu beantworten: Es droht in der Tat ein neues Wettrüsten von Cyberwaffen, dass die gleichen Ausmaße wie das Wettrüsten im Kalten Krieg annehmen kann. Die NATO als Organisation befindet sich derzeit in einer defensiven Position. Sie verfolgt die rationalste Strategie und entwickelt ausschließlich Verteidigungsmaßnahmen, trägt aber trotzdem zum Drehen der Rüstungsspirale bei.

Gerade wegen ihrer höheren Verwundbarkeit gegen Cyberangriffe empfiehlt es sich für die NATO, die Etablierung von Waffenkontrollverträgen für Cyberwaffen voranzutreiben. Hier verlassen wir allerdings das realistische Paradigma. Der Thematik sollten sich deshalb künftige Forschungsarbeiten widmen. Aus beispielsweise institutionalistischer Sicht können die Möglichkeiten und die Umsetzbarkeit von Waffenkontrollverträgen für Cyberwaffen untersucht werden.

6. Literaturverzeichnis

Altmann, Jürgen (2019): Der Cyber-Rüstungswettlauf. Gefahren und mögliche Begrenzungen. In: Ines-Jacqueline Werkner, Niklas Schörnig: Cyberwar- die Digitalisierung der Kriegsführung. Wiesbaden: Springer VS. S. 87-103.

Bendiek, Annegret/Ulmer, Kathrin (2013): Cybersicherheit – Eine facettenreiche politische Herausforderung. In: SWP-Zeitschriftenschau 2013 (3), S. 1-7.

Betz, David/Stevens, Tim (2011): Cyberspace and the State: Toward a Strategy for Cyberpower. Abingdon [u.a.]: Routledge.

Brummer, Klaus/Oppermann, Kai (2018). Außenpolitikanalyse. 2., aktualisierte und erweiterte Auflage. Berlin [u.a.]: De Gruyter Oldenbourg.

Bundesamt für Sicherheit in der Informationstechnik (2019): Die Lage der IT-Sicherheit in Deutschland 2019. In: Bundesamt für Sicherheit in der Informationstechnik, Oktober 2019. URL: https://www.bsi.bund.de/SharedDocs/Downloads/DE/BSI/Publikationen/Lageberichte/ Lagebericht2019.pdf?__blob=publicationFile&v=6 [21.12.2019].

Clarke, Richard/Knake, Robert (2011): World Wide War. Angriff aus dem Internet. Hamburg: Hoffmann und Campe.

Cordesman, Anthony (2016): Korean Special, Asymmetric, and Paramilitary Forces. In: Center for Strategic & International Studies, 09.08.2016. URL: https://csis-prod.s3.amazonaws.com/s3fs-public/publication/160809_Korean_Special_Asymmetric_Paramilitary_Forces.pdf [04.01.2020].

Dülffer, Jost (2015): Balance of Power im nuklearen Zeitalter? In: Michael Jonas, Ulrich Lappenküper, Bernd Wegner (Hg.): Stabilität durch Gleichgewicht? Balance of Power im internationalen System der Neuzeit. Paderborn: Schöningh. S. 159-179.

Gassert, Philipp (2019): Rüstung, Bündnissolidarität und Kampf um Frieden. Lernen aus dem Nato-Doppelbeschluss von 1979? In: APuZ 69 (18-19), S. 9-14.

Gaycken, Sandro (2015): Cybersecurity – Kleiner Katalog der Cyberrisiken. In: Thomas Jäger (Hg.): Handbuch Sicherheitsgefahren. Wiesbaden: Springer VS. S. 229-238.

Groeneveld, Josh (2019): Warum im kommenden Jahrzehnt ein Konflikt zwischen den USA und China droht – und welche Rolle Deutschland dabei spielt. In: Business Insider, 29.12.2019. URL: https://www.businessinsider.de/politik/warum-im-kommenden-jahrzehnt-ein-konflikt-zwischen-den-usa-und-china-droht-und-welche-rolle-deutschland-dabei-spielt/ [03.01.2019].

Heickerö, Roland (2013): The Dark Sides of the Internet. On Cyber Threats and Information Warfare. Frankfurt [u.a.]: Peter Lang.

Herz, John (1974a): Macht, Mächtegleichgewicht, Machtorganisation im Atomzeitalter. In: John Herz (Hg.): Staatenwelt und Weltpolitik. Aufsätze zur internationalen Politik im Nuklearzeitalter. Hamburg: Hoffmann und Campe. S. 57-61.

Herz, John (1974b): Idealistischer Internationalismus und das Sicherheitsdilemma. In: John Herz (Hg.): Staatenwelt und Weltpolitik. Aufsätze zur internationalen Politik im Nuklearzeitalter. Hamburg: Hoffmann und Campe. S. 39-56.

Jackson, Robert/Sørensen, Georg (2016): Introduction to International Relations. Theories and Approaches. 6., aktualisierte Auflage. Oxford: Oxford University Press.

Krell, Gert (1982): Zur Problematik des Gleichgewichts bei den regionalen Nuklearwaffen. In: Gert Krell, Hans-Joachim Schmidt (Hg.): Der Rüstungswettlauf in Europa. Mittelstreckensysteme, konventionelle Waffen, Rüstungskontrolle. Frankfurt a.M [u.a.].: Campus. S. 45-56.

Krell, Gert (1984): Zählkriterien für die Mittelstreckenwaffen (INF). In: Erhard Forndran, Gert Krell (Hg.): Kernwaffen im Ost-West-Vergleich. Zur Beurteilung militärischer Potentiale und Fähigkeiten. Baden-Baden: Nomos. S. 175-226.

Lukasik, Stephen/Goodman, Seymour/Longhurst, David (2003): Protecting Critical Infrastructures Against Cyber-Attack. Oxford: Oxford University Press.

Morgenthau, Hans (1946): Scientific Man Versus Power Politics. Chicago: University of Chicago Press.

Morgenthau, Hans (1962): Politics in the Twentieth Century. Volume III: The Restoration of American Politics. Chicago: University of Chicago Press.

Morgenthau, Hans (1963): Macht und Frieden. Grundlegung einer Theorie der internationalen Politik. Gütersloh: Bertelsmann.

Masala, Carlo (2017): Realismus in den Internationalen Beziehungen. In: Frank Sauer, Carlo Masala (Hg.): Handbuch Internationale Beziehungen. Wiesbaden: Springer VS. S. 141-176.

Miksche, Ferdinand Otto (1972): Rüstungswettlauf. Ursachen und Auswirkungen. Stuttgart: Seewald.

Müller, Harald/Schörnig, Niklas (2006): Rüstungsdynamik und Rüstungskontrolle: Eine exemplarische Einführung in die internationalen Beziehungen. Baden-Baden: Nomos.

NATO (2016): Warsaw Summit Communiqué. In: NATO, 09.07.2017. URL: https://www.nato.int/cps/en/natohq/official_texts_133169.htm [30.12.2019].

NATO (2019a): Cyber defence. In: NATO, 06.09.2019. URL: https://www.nato.int/cps/en/natohq/topics_78170.html [18.11.2019].

NATO (2019b): NATO Cyber Defence. In: NATO, Februar 2019. URL: https://www.nato.int/nato_static_fl2014/assets/pdf/pdf_2019_02/20190208_1902-factsheet-cyber-defence-en.pdf [30.12.2019].

Nielsen, Harald (1984): Das Kräfteverhältnis bei den Nuklearwaffen. In: Erhard Forndran, Gert Krell (Hg.): Kernwaffen im Ost-West-Vergleich. Zur Beurteilung militärischer Potentiale und Fähigkeiten. Baden-Baden: Nomos. S. 227-267.

Petermann, Thomas/Bradke, Harald/Lüllmann, Arne/Paetzsch, Maik/Riehm, Ulrich (2011): Was bei einem Blackout geschieht. Folgen eines langandauernden und großflächigen Stromausfalls. Berlin: Edition Sigma.

Polli, Gert Rene (2012): Geleitwort. In: Jörg Sambleben, Stefan Schumacher (Hg.): Informationstechnologie und Sicherheitspolitik. Wird der dritte Weltkrieg im Internet ausgetragen? Norderstedt: BoD. S. X-XII.

Sauer, Frank (2017): Nuklearwaffen und internationale Politik: Bedeutung, Nichtgebrauch, Proliferation. In: Frank Sauer, Carlo Masala (Hg.): Handbuch Internationale Beziehungen. Wiesbaden: Springer VS. S. 923-957.

Seabury, Paul (1965): Introduction. In: Paul Seabury (Hg.): Balance of Power. San Francisco: Chandler. S. 1-4.

Simowitz, Roslyn (1982): The Logical Consistency and Soundness of the Balance of Power Theory. Denver: University of Denver.

Snyder, Glenn (1965): The Balance of Power and the Balance of Terror. In: Paul Seabury (Hg.): Balance of Power. San Francisco: Chandler. S. 184-201.

Stephens, Kathryn/McKee, Larry (2010): International Cyberspace Strategies. In: National Security Cyberspace Institute, 28.06.2010. URL: http://www.nsci-va.org/WhitePapers/2010-06-28-InternationalCyberspaceStrategies-Stephens-McKee.pdf [04.11.2020].

Unger, Walter (2011): Cyber Security. In: Johann Pucher, Johann Frank (Hg.): Strategie und Sicherheit 2011. Wien [u.a.]: Böhlau. S. 189-197.

Varwick, Johannes (2017): Die NATO in (Un-)Ordnung: wie transatlantische Sicherheit neu verhandelt wird. Schwalbach a.T.: Wochenschau.

Woolf, Amy (2019): Nonstrategic Nuclear Weapons. In: Congressional Research Service, 06.09.2019. URL: https://crsreports.congress.gov/product/pdf/RL/RL32572 [10.12.2019].

7. Tabellenverzeichnis

Tabelle 1:

Clarke, Richard/Knake, Robert (2011): World Wide War. Angriff aus dem Internet. Hamburg: Hoffmann und Campe.